Anna Kalt

Lio Löwe entdeckt seine Gefühle: Wut, Glück, Mut, Angst und mehr

Spielerisch 11 Emotionen erkennen, benennen und mit ihnen umgehen – ein liebevolles Kinderbuch zur Stärkung des Selbstwertgefühls

Anna Kalt

Lio Löwe entdeckt seine Gefühle

Wut, Glück, Mut, Angst und mehr

Spielerisch 11 Emotionen erkennen, benennen und mit ihnen umgehen – ein liebevolles Kinderbuch zur Stärkung des Selbstwertgefühls

Lio Löwe 1.0
1. Auflage Copyright © 2023 - Anna Kalt

Anna Kalt
c/o Block Services
Stuttgarter Str. 106
70736 Fellbach

ISBN: 978-3-910507-01-2

Alle Rechte vorbehalten. Die Rechte der hier verwendeten Texte und Bildmaterialien liegen ausdrücklich beim Verfasser. Eine Verbreitung oder Verwendung des Materials ist untersagt und bedarf in Ausnahmefällen der eindeutigen Zustimmung des Verfassers.

Illustratorin - Khayala Aliyeva

Lektorat und Korrektorat: Textmanufaktur Wortgewandt - Franziska Riedel

Covergestaltung: Sprudelkopf Design - Jasmin Raif - www.sprudelkoepfe.com

iStockphoto @Anastasiia_Guseva und @Color_Brush

eBook-Erstellung und Buchsatz - Jana Köbel, www.jana-koebel.de

Inhalt

Einleitung 11

Lio Löwe und sein Freund 15

Lio Löwe ist dankbar 24

Lio der Power-Löwe 34

Der mutige Lio 42

Lio Löwe der Krankenpfleger 52

Der geheimnisvolle Weg 60

Der wütende Lio Löwe 71

Das schmeckt mir nicht 79

Der besondere Ausflug 90

Der Streit 101

Das verlorene Stofftier 111

Dieses Buch widme ich meinem Sohn David.

Du bist das größte Geschenk für mich.

Ich liebe dich!

Deine Mama

Dieses Gefühle-Buch gehört:

_____

Glück

Dankbarkeit

Stolz

Mut

Sorge

Neugier

Wut

Ekel

Neid

Angst

Traurigkeit

Einleitung

Gefühle und **Emotionen** sind manchmal eine ziemlich verzwickte Sache. Oft sind sie einfach da und man kann gar nicht schnell genug reagieren, um sie abzufangen. Ob es pure **Freude** ist, die uns plötzlich aufschreien und jubeln lässt, oder ein **Gefühl** von **Ärger** und **Wut**, bei dem wir unkontrolliert anfangen zu weinen oder zu schreien oder das Bedürfnis verspüren, Kraft herauszulassen.

Gerade für Kinder ist es häufig schwer, die aufkommenden **Gefühle** richtig einzuordnen und damit umzugehen. Einige haben Probleme, sie im Griff zu behalten, und können sich nur durch **Wut**ausbrüche oder lautes Schreien, weinen oder auch Lachen ausdrücken. Damit finden sie ihr „Ventil", mit dem sie diesen **Gefühlen** freien Lauf lassen.

Doch gerade für diese Kinder ist es wichtig, Möglichkeiten zu finden, die eigenen **Gefühle** und **Emotionen** besser einordnen und damit gut umgehen zu können. Das macht es für sie leichter zu verstehen, warum sie gerade in diesem Moment so empfinden und was für sie das beste Mittel ist, nicht auszubrechen.

Lio Löwe möchte dabei behilflich sein,
die einzelnen **Gefühle** wahrzunehmen,
kennenzulernen und anzunehmen sowie richtig
damit umzugehen.

Viel Spaß mit Lio Löwe! Vielleicht erkennt
ihr euch ja selbst in der ein oder anderen
Situation wieder.

Glück

Dankbarkeit

Stolz

Mut

Lio Löwe und sein Freund

Lio Löwe, klein und stark, hat das Herz am richtigen Fleck. Er ist liebevoll und herzlich und mag jedes Lebewesen, das ihm über den Weg läuft.

Heute ist der kleine Löwe zum Spielen an einen Bach gegangen. Das Wasser plätschert und die Sonne strahlt - was für ein herrlicher Sommertag!

Lio ist neugierig, so wie es Löwenkinder nun mal sind, und schaut sich genau um. Plötzlich raschelt es im Gras, genau am Ufer des Baches. Lio geht hinter den Grashalmen in Deckung und atmet so leise, dass ihn keiner hören kann.

Da! Schon wieder! Es raschelt erneut und ein flinkes Mäuschen huscht durch die Wiese in Richtung eines kleinen Loches, das sein Unterschlupf zu sein scheint.

„Hab ich dich!", ruft Lio und macht einen hohen Satz, um den Mäuserich festzuhalten.

„Oh nein! Bitte tu mir nichts!"
Die Maus zittert und fürchtet sich vor dem kleinen Löwen.

„Dir etwas tun? Wieso sollte ich? Ich wollte mit dir spielen. Es sah aus, als ob du nicht wüsstest, was du gerade machen sollst, und bevor dir langweilig wird, wollte ich dich aufheitern", stellt Lio richtig.

„Aufheitern? Du bist ein Löwenkind und ich ein kleiner Mäuserich, auf den du gerade draufgesprungen bist und den du mit deinen Tatzen festgehalten hast. Normalerweise sind wir Mäuse doch Teil der Nahrungskette von euch Löwen, also dachte ich nicht unbedingt ans Spielen mit dir", erklärt der Mäuserich dem kleinen Löwen, weshalb er solche Angst vor ihm hat.

„Ich möchte dich nicht fressen, falls du das denkst. Hast du denn einen Namen? Ich heiße Lio, Lio Löwe, und ich fresse keine anderen Tiere, die noch am Leben sind."

Das kleine Mäuschen schaut Lio aus großen Augen an und sagt: „Mein Name ist Eddy. Als Maus muss man ständig auf der Hut sein, dass man nicht als nächste Mahlzeit verspeist wird. Wenn ich dich richtig verstehe, suchst du also nur einen Spielgefährten und kein Futter?"

Eddy ist noch etwas skeptisch, ob er Lio wirklich glauben soll.

„Genau. Ich suche jemanden, der mit mir auf Entdeckungstour geht, durch Wiesen, Felder und Wälder zieht und Augen und Ohren offen halten kann."

Der kleine Löwe sieht Eddy auffordernd an.

„Das klingt spannend und kann ich alles sehr gut!", sagt dieser. Doch dann fragt er leicht zweifelnd: „Aber denkst du wirklich, ein Löwe und eine Maus können Freunde sein?"

„Soll das ein Scherz sein? Jeder kann mit jedem befreundet sein! Man muss es nur wollen und den anderen so gernhaben, wie er ist. Willst du denn mein Freund sein?"

Verschmitzt zwinkert Lio dem Mäuserich zu.

„Gerne! So einen kleinen Löwen zum Freund zu haben, ist bestimmt großartig!"
Eddy ist begeistert und auch das Löwenkind freut sich.

Lio spürt Bauchkribbeln und Herzklopfen in sich aufsteigen. Sie treiben ihm ein Lächeln ins Gesicht und er würde am liebsten Purzelbäume schlagen.

Er fühlt sich **glücklich** - dieses Kribbeln, das Lio wahrnimmt, ist pures **Glück**!

„Ach, wie bin ich froh! Es gibt doch nichts Schöneres auf der Welt als einen neuen Freund! Danke, dass wir Freunde sind, Eddy. Wenn man jemanden hat, auf den man sich verlassen kann, ist das das größte **Glück** der Welt. Von jetzt an will ich immer dein Beschützer sein und meine **Glücksgefühle** mit dir teilen, wenn wir gemeinsam etwas unternehmen. Ich werde es mir zur Aufgabe machen, dich immer als

Freund zu behalten, damit dieses **Glück** niemals endet!"

Lio strahlt und die beiden wirklich unterschiedlichen Freunde ziehen los in ein neues Abenteuer, vollgepackt mit Glück und Freude.

wie heißen deine Freunde?

Bist du gerade glücklich?

Lio Löwe ist dankbar

Als Lio gestern mal wieder mit dem kleinen Mäuserich Eddy unterwegs gewesen ist, hat dieser ihm erzählt, dass er ganz allein in seinem Bau lebt.

„Ganz allein? Hast du denn keine Eltern, Geschwister oder Großeltern, mit denen du zusammenlebst?"

Lio konnte gar nicht glauben, dass Eddy so allein ist.

„Meine Familie ist seit dem letzten Unwetter verschwunden. Unser Bau und die Gänge wurden dabei völlig weggespült und wir haben uns alle aus den Augen verloren. Seitdem habe ich mir einen eigenen kleinen Bau eingerichtet", hat Eddy mit trauriger Stimme und hängendem Kopf vom spurlosen Verschwinden seiner Familie berichtet.

Lio hat an diesem Tag zu Hause in seiner Höhle noch lange darüber nachgedacht und überlegt, wie er Eddy helfen kann, bis ihm kurz vor dem Schlafen endlich eine Idee gekommen ist.

Am nächsten Morgen bespricht er sie mit seiner Mama.

„Mama, ich war gestern mit Eddy spielen und er hat mir erzählt, dass er keine Familie mehr hat und nun ganz allein in seinem dunklen Bau wohnen muss. Er tut mir leid, denn ich finde, keiner sollte allein sein. Könnte ich ihm nicht vorschlagen, dass er bei uns einzieht?"

Lio zeigt seine gute Seele und möchte Eddy bei sich aufnehmen.

„Eine Maus soll bei uns wohnen? Mein Lio, du bist und bleibst ein herzensguter Löwe! Aber warum eigentlich nicht? Er braucht ja nicht viel Platz und wir freuen uns immer über Gesellschaft."

Lios Mama kann ihrem Kleinen nichts abschlagen und der junge Löwe hüpft vor Freude in die Luft.

„**Danke**, Mama! Du bist die Beste!"

Er schleckt seine Mama mit einem feuchten Kuss ab und eilt zu Eddy, der gerade dabei ist, Futtervorräte in seinen Bau zu tragen.

„Du kannst dir das Vorratslager sparen, ich habe nämlich fantastische Neuigkeiten!", ruft Lio schon von weitem, als er seinen Freund sieht.

„Was meinst du damit?"
Der kleine Mäuserich spitzt die Ohren und ist gespannt, was Lio zu berichten hat.

„Ich habe meine Mama gefragt und du darfst ab jetzt bei uns wohnen, damit du nicht mehr so einsam bist!", verkündet Lio stolz seine großartigen Nachrichten.

„Bei euch einziehen? Ich? Das klingt ja verrückt, aber irgendwie auch schön. Endlich nicht mehr allein zu sein, wäre schon toll. Es gefällt mir überhaupt nicht, wenn ich so einsam bin und niemanden bei mir habe."

Eddy lässt sich den Vorschlag seines Löwenfreundes durch den Kopf gehen.

„Das wird lustig, ganz bestimmt! Ich möchte, dass es dir gut geht und du dich wohlfühlst. Du sollst immer jemanden bei dir haben, der für dich da ist. Es ist keine Selbstverständlichkeit, eine Familie und gute Freunde um sich zu haben, das ist mir nun wieder richtig klar geworden. Dass ich mit meiner ganzen Familie, meinen Eltern, meinen Brüdern und meinen Schwestern, zusammenleben darf, ist ein großes Geschenk."

Der kleine Löwe erklärt freudig, wie froh er ist, seine Lieben bei sich zu haben. Dann wird er ernster und schaut Eddy mit leuchtenden Augen an.

„Ich weiß, dass leider nicht jeder dieses Glück hat, und möchte meine Wertschätzung dafür ausdrücken, indem ich allen, auch dir als meinem besten Freund, zeige, wie **dankbar** ich bin, dass ihr ein großer Teil meines Lebens seid. Es macht mich glücklich und zufrieden, auch dafür bin ich unendlich **dankbar.** Und deshalb möchte ich mein Glück mit dir teilen und dich bei mir haben."

Nun ist auch der kleine Mäuserich von Lios Idee überzeugt und ruft: „Du hast Recht! Auch ich bin **dankbar**, dass ich dich zum Freund habe. **Danke**, Lio, dass es dich gibt und du da bist. Lass uns meine Sachen packen, ich komme mit dir."

Eddy strahlt über sein ganzes kleines Mausegesicht und macht sich gemeinsam mit Lio auf den Weg in sein neues, wunderschönes Zuhause bei der Löwenfamilie, seinen neuen Freunden.

Wann warst du zuletzt dankbar und wofür?

Lio
der Power-Löwe

Mit seiner vollen, schon fast leuchtenden rot-lilafarbenen Mähne sieht Lio Löwe anders aus als seine Artgenossen. Fast alle Löwen, die er kennt, haben eine dunklere Mähne und sind größer als er. Ihr Brüllen ist laut und vertreibt jeden Feind, der ihnen zu nahe kommt.

„Warum sehe ich nicht so aus wie die anderen?", fragt Lio seine Mama, als er mal

wieder dabei zusieht, wie seine älteren Geschwister und die anderen Löwen aus seinem Rudel miteinander raufen.

„Weil du nun mal was ganz Besonderes bist, mein Schatz", antwortet seine Mutter und sieht ihm dabei liebevoll in seine großen, dunklen Löwenaugen.

„Aber jeder ist doch was Besonderes, sagst du immer."

Lio gibt sich mit der Antwort seiner Mama nicht zufrieden und hakt weiter nach.

„Da hast du Recht. Doch mit dir hat es etwas auf sich, was einem Wunder ähnelt. Ich erzähle dir nun eine kleine Geschichte darüber, warum du so besonders bist."

Die beiden setzen sich an den Küchentisch und Mama Löwe beginnt zu erzählen.

„Bevor du geboren wurdest, war ich mit unserem Rudel auf der Jagd. Damals warst du schon in meinem Bauch. Du hättest noch ein paar Wochen Zeit gebraucht, bis du groß genug gewesen wärst, um das Licht der Welt zu erblicken. Es war Winter, ein Schneesturm hat die Sicht fast unmöglich gemacht und überall war es spiegelglatt. Wir gingen an einer Klippe entlang, da uns dort eine Fährte zu unserem Abendessen führen sollte."

Lio hört seiner Mama wie angewurzelt, ganz aufmerksam, zu.

„Einen kurzen Moment habe ich nicht aufgepasst und schon bin ich abgerutscht.

Dann bin ich einige Meter tief gefallen. Im ersten Augenblick dachte ich, es wäre nichts passiert und ich wäre mit dem Schrecken davongekommen. Doch kurze Zeit später bemerkte ich, dass mein Bauch wehtat."

„Was ist passiert? Ich denke, ich war noch zu klein, um geboren zu werden?"

Lio will wissen, wie die Geschichte weitergeht, und seine Mama fährt fort.

„Du bist in dieser Nacht auf die Welt gekommen, winzig klein, ganz zerbrechlich. Doch du warst und bist ein Kämpfer! Unser Rudel ist nicht weitergezogen, alle haben sich um uns beide gekümmert, weil du alle Möglichkeiten erhalten solltest, zu Kräften zu kommen und

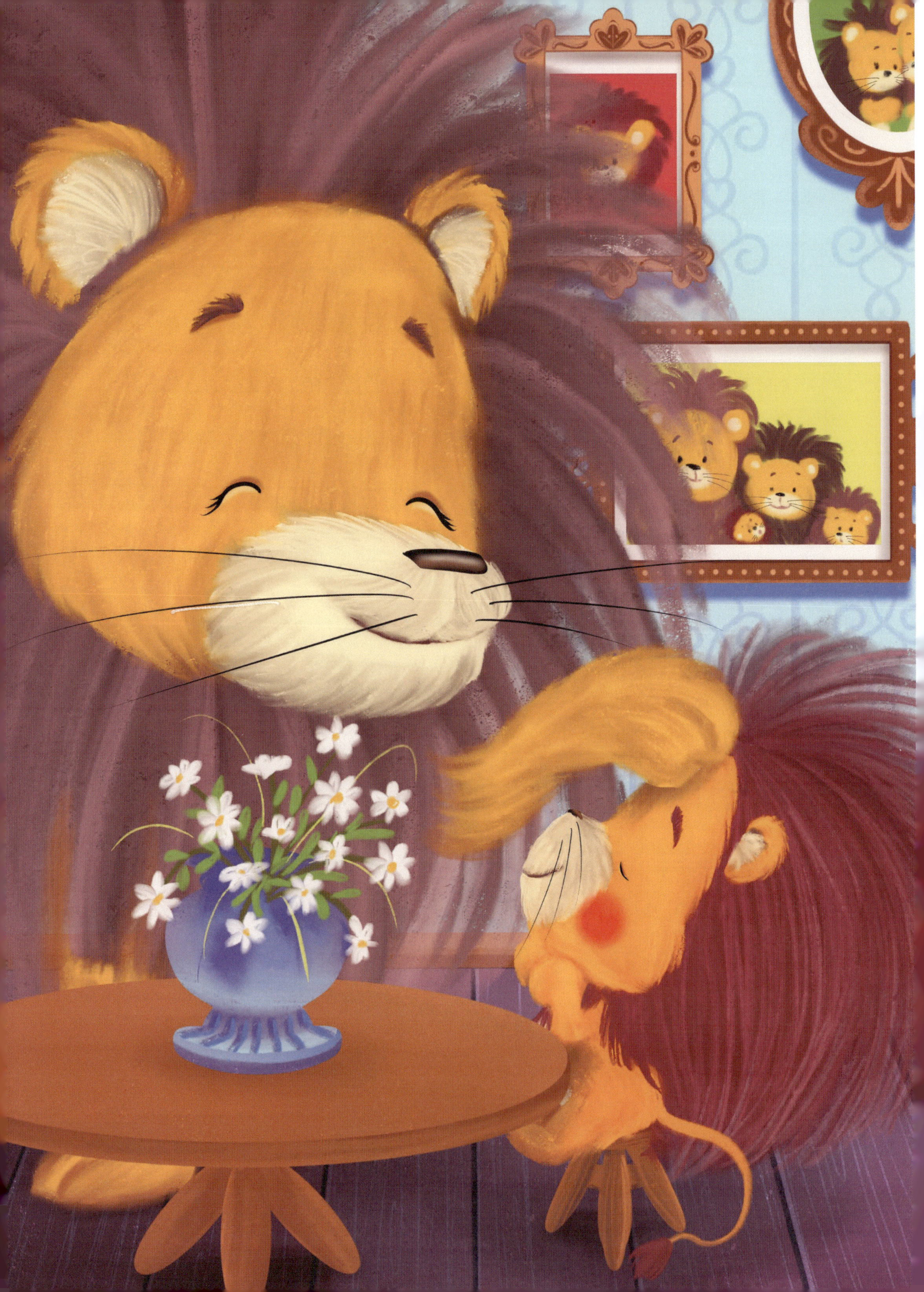

stark zu werden. Und genauso ist es auch passiert. Du hast nicht aufgegeben, sondern gekämpft und so viel Kraft gezeigt, wie es kein ausgewachsener Löwe hätte tun können! Deine Mähne und die Tatsache, dass du etwas kleiner bist, kommen nur daher, dass du in meinem Bauch einfach weniger Zeit hattest als die anderen und sich alles anders entwickelt hat. Aber dafür hast du auf der Erde, im Hier und Jetzt, so viel Power und Stärke bewiesen, wie es kein anderer Löwe, den ich kenne, je geschafft hat. Deshalb bist du so außergewöhnlich und ganz besonders, so wie du bist."

Mama Löwe schleckt ihren Lio zärtlich ab und drückt ihm einen dicken Kuss auf seinen kleinen Löwenkopf.

„Das ist ja eine Wahnsinnsgeschichte! Dann bin ich ja wirklich wie ein Wunder!"

Lio spürt, wie seine Brust wächst und er aufrecht dasitzt. Er ist **stolz**, so einzigartig und besonders zu sein. Auch dass er so eine tolle Familie hat, die an ihn geglaubt und ihn auf seinem Weg ins Leben unterstützt hat, erfüllt ihn mit **Stolz.** Dass er anders aussieht als seine Artgenossen, kümmert ihn nicht mehr. Er ist einfach nur **stolz** auf sich, seine Mama, das Rudel und darauf, welche Power er hat.

Er weiß nun, dass er alles im Leben schaffen kann!

Auf was bist du besonders stolz?

Der mutige Lio

Puh, was für ein Tag! Lio Löwe war von früh bis spät mit seinem Rudel unterwegs. Die älteren Löwen haben den jüngeren gezeigt, wie man richtig jagt. Und so hat es sich zugetragen ...

„Andere Tiere zu jagen, gefällt mir aber gar nicht", beschwert sich Lio bei seiner Mama, bevor sie am Morgen losziehen wollen.

„Das weiß ich, Lio. Aber wir sind nun mal Löwen und das bedeutet, dass wir auch jagen müssen, um uns zu ernähren. Manchmal haben wir Glück und finden Beute, die wir nicht mehr selbst jagen müssen, aber das kann man vorher nie wissen."

Mama Löwe schaut ihren Kleinen belehrend an.

„Trotzdem mache ich das nicht gerne. Eigentlich mag ich doch alle Tiere und würde am liebsten mit jedem von ihnen Freundschaft schließen", erwidert Lio und lässt den Kopf hängen.

„Wenn man in der Wildnis überleben möchte, funktioniert das aber leider so nicht. Also komm, lass uns gehen, die anderen warten bestimmt schon."

Seine Mama gibt dem kleinen Löwen einen Stups und sie gehen zum Rudel, das gerade losziehen will.

Nach einer halben Stunde gelangen sie an einen großen Fluss. An einer Stelle ist der Abstand zum anderen Ufer nicht so riesig und alle Löwen springen mit einem großen Satz über das reißende Wasser.

„Oh nein, Mama, ich hasse diese Flüsse, die können mich wegspülen! Das schaffe ich niemals! Meine Beine haben doch gar nicht genug Kraft, um bis auf die andere Seite zu springen!"

Lio ist ängstlich und kauert sich vor den Fluss, als ob er am liebsten den Rückwärtsgang einlegen würde.

Doch seine Mama ist überzeugt, dass ihr starker Löwenjunge diesen Sprung schaffen wird. Sie will ihn lehren, in solchen Situationen **mutig** zu sein und sich etwas zuzutrauen.
Denn sie weiß genau, dass er sehr weit springen kann, auch wenn er kleiner als die anderen ist.
„Du schaffst das, Lio. Hab vertrauen, du kannst das! Du musst nur ganz fest an dich glauben und bist doch sonst auch ein so **mutiger** Löwe!", feuert sie ihn an.

„Hilfst du mir, wenn ich doch ins wasser falle?", fragt Lio unsicher.

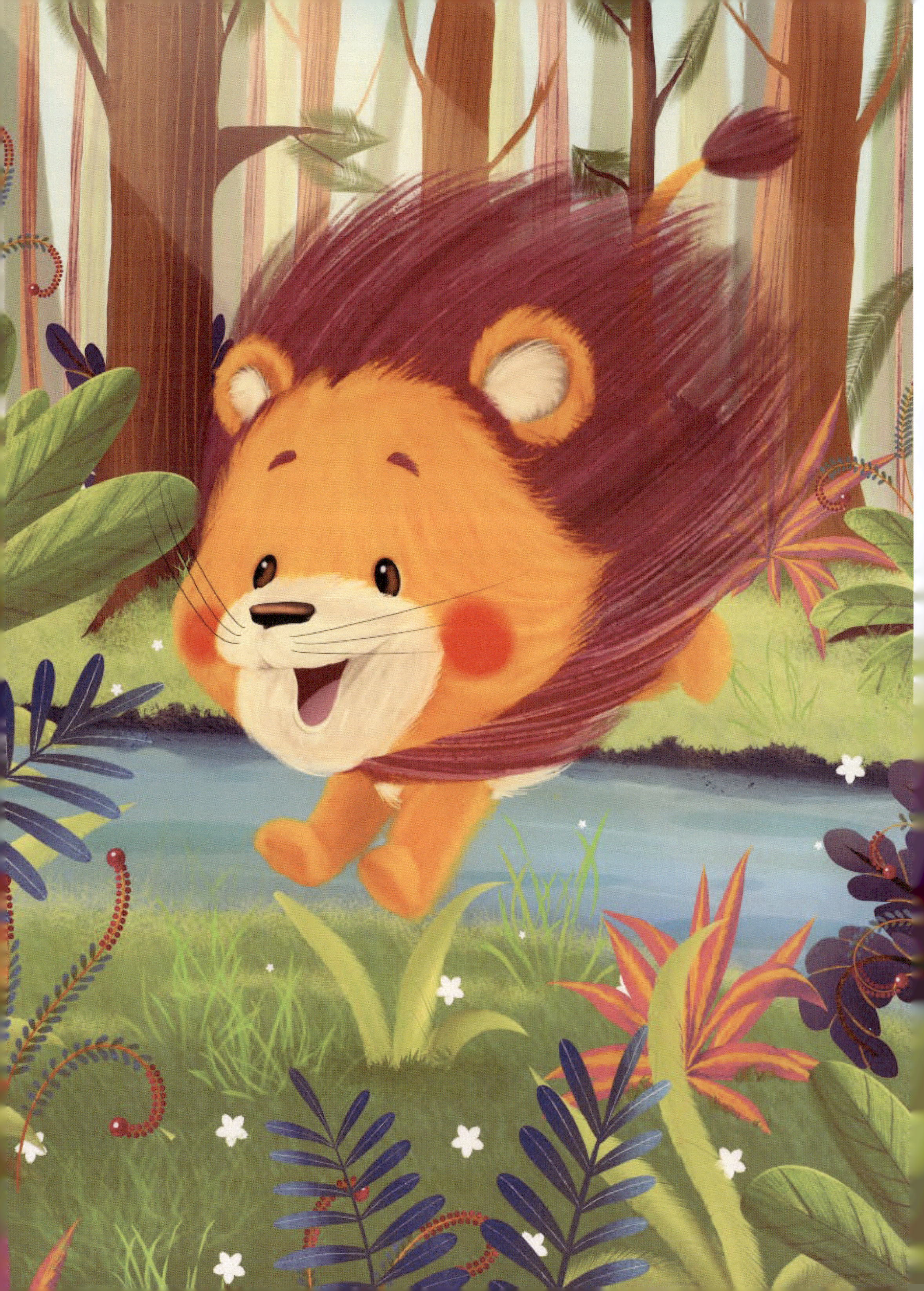

„Du wirst meine Hilfe nicht brauchen, aber im Notfall bin ich hier, selbstverständlich!", versichert ihm seine Mama mit einem beruhigenden Nicken.

Lio fasst sich ein Herz und flüstert immer wieder vor sich hin: „Ich schaffe das, ich bin stark und **mutig**!"

Dann setzt das Löwenkind einen Schritt zurück, hebt seinen Po ein kleines Stück in die Luft und nimmt all seinen **Mut** und seine Kraft zusammen.

„Achtung, ich komme!", ruft er laut, rennt los und hebt wie ein gerade startendes Flugzeug vom Boden ab.

Er fliegt wie ein Vogel über den Fluss, als ob es das Einfachste der Welt wäre. Seine rötlich-lilafarbene Mähne weht im Wind und es sieht aus, als hätte Lio das schon hundert Mal gemacht.

„Geschafft!", jubelt er, als er am anderen Ufer wieder auf seinen vier Pfoten landet.

„Das war großartig, mein Schatz! Ich hab doch gewusst, dass das ein Kinderspiel für dich wird. Du bist wirklich der **mutigste** kleine Löwe, den ich kenne, Lio!"
Seine Mama gibt ihm einen dicken Kuss und Lio schmiegt sich fest an sie.

„Danke, Mama, dass du immer an mich glaubst und mir **Mut** machst."

Der kleine Löwe gibt seiner Mama einen Kuss zurück und sie ziehen mit ihrem Rudel weiter durch die Wildnis, wo mit Sicherheit noch die ein oder andere Mutprobe auf Lio warten wird.

Wann warst du zuletzt mutig?

Sorge

Neugier

51

Lio Löwe
der Krankenpfleger

In dieser Nacht schläft Lio schlecht, denn seine Schwester Marla ist krank geworden und hat Fieber.

„Ich fühle mich gar nicht gut, Mama", hört Lio sie immer wieder sagen.

„Das glaube ich dir, Marla. Du brauchst jetzt viel Ruhe und vor allem Schlaf. Kuschel dich an mich. Ich bin bei dir und du kannst die Augen schließen."

Mama Löwe schleckt Marlas Stirn zärtlich ab und kuschelt sie in den Schlaf, sodass auch Lio irgendwann zur Ruhe kommt.

Als er am nächsten Morgen wach wird, fragt er sofort: „Wie geht es Marla denn? Ich habe in der Nacht gehört, dass sie sich nicht gut fühlt?"

„Sie fühlt sich noch immer warm an, also ist das Fieber noch nicht verschwunden. Das ist auch im Grunde nichts Schlechtes - im Gegenteil, es hilft dem Körper, Krankheiten abzuwehren. Da dafür aber viel Energie und Kraft benötigt werden, ist man schlapp und muss sehr viel schlafen und sich ausruhen. Marla darf nicht herumtoben und sollte heute in der Höhle liegen bleiben. Außerdem braucht sie Wasser, denn sie muss gut trinken, damit die hohe Körpertemperatur ausgeglichen werden kann", erklärt Lios Mama ihm, wie Marla am besten wieder gesund werden kann.

Der kleine Löwe ist **besorgt** um seine große Schwester. Sie ist nur ein Jahr älter als er und er hat sie sehr lieb.

„Ich werde mich um sie kümmern und lasse sie nicht aus den Augen! Alles, was sie braucht, kann ich ihr bringen. Spielen fällt heute aus, Marla braucht Pflege und die werde ich ihr geben."

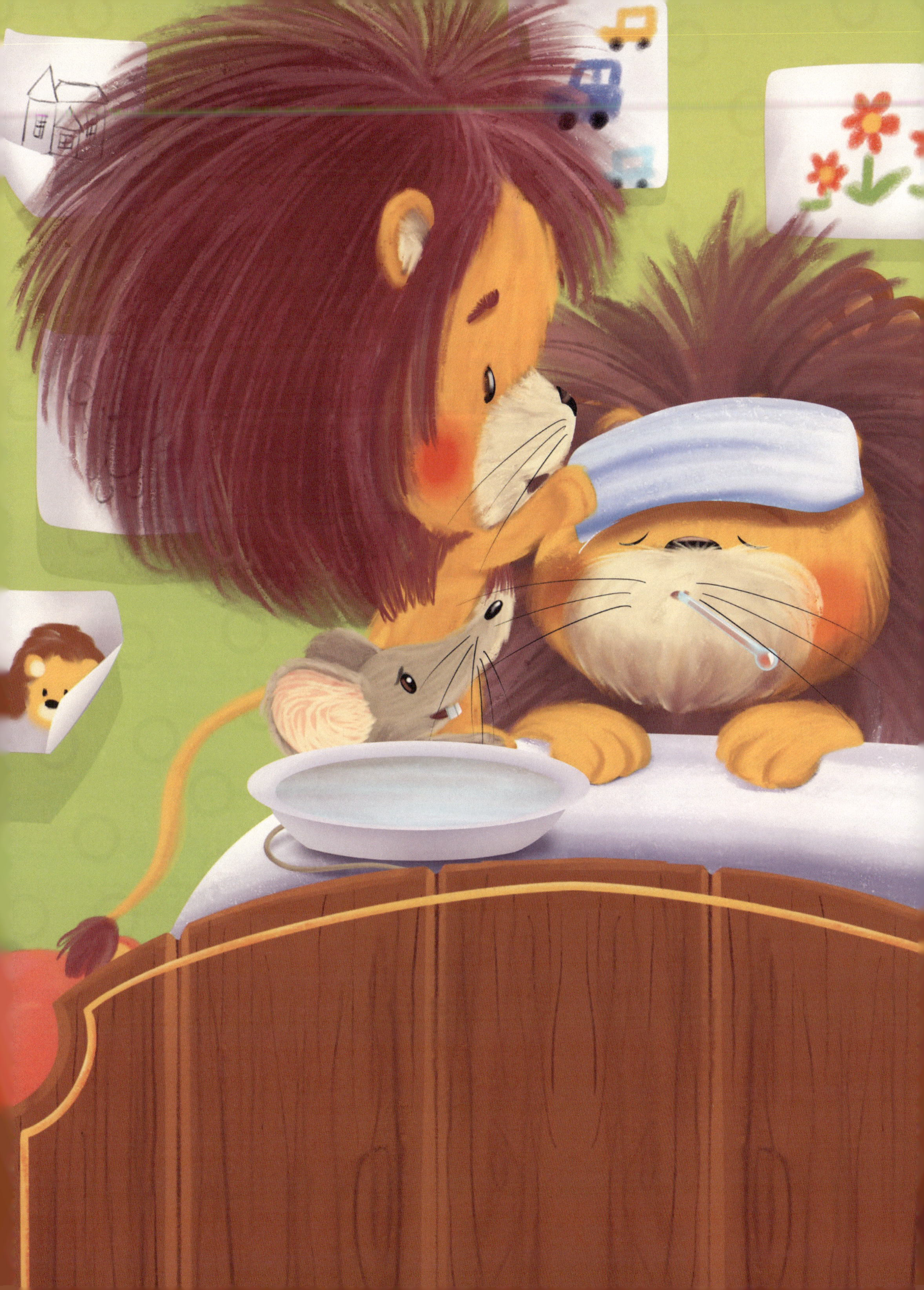

Lio will Marla unbedingt helfen, damit sie schnellstmöglich wieder gesund wird.

„Das ist eine zauberhafte Idee von dir. Du bist so ein lieber kleiner Löwe. Aber mach dir nicht zu große **Sorgen**. Marla wird wieder gesund. Jeder ist mal krank, das gehört dazu und macht uns stärker. Mit deiner Pflege ist sie mit Sicherheit im Handumdrehen wieder auf den Beinen", beruhigt Mama Löwe ihren Sohn voller Stolz, dass er ein so mitfühlender Löwenjunge ist.

„Eddy, wir sind heute Marlas Krankenpfleger. Unsere Spielzeit muss warten, heute gibt es wichtigeres zu tun", verkündet Lio seinem Mausefreund, als der aus seinem Bau herausgekrochen kommt.

„Aber natürlich, ich bin dabei!", willigt der kleine Mäuserich sofort ein und beide widmen sich dem kranken Löwenmädchen.

Sie kümmern sich liebevoll um Marla und sorgen dafür, dass immer etwas zu trinken bereitsteht. Lio kühlt ihre Stirn immer wieder mit kaltem Wasser und sie lesen ihr jeden Wunsch von den Lippen ab.

„Du bist der beste kleine Bruder, den es gibt", bedankt sich Marla am Abend, als es ihr schon viel besser geht und auch das Fieber gesunken zu sein scheint.

„Du bist auch die beste große Schwester, die ich mir vorstellen kann. Deshalb werde ich Tag und Nacht für dich da sein, wenn du mich brauchst!", antwortet Lio mit einem Lächeln und gibt Marla ein Küsschen auf ihre Löwennase.

Sich um andere **Sorgen** zu machen, zeigt, wie wichtig einem seine liebsten Geschöpfe sind. Lio hat seine Schwester mit seiner Hilfsbereitschaft so gut gepflegt, dass sie noch am selben Tag wieder zu Kräften gekommen ist und schon am nächsten Morgen wieder gesund und munter aufstehen kann.

Wann warst du zuletzt besorgt und warum?

Der geheimnisvolle Weg

"Lio, du musst mir versprechen, dass du niemals ohne Erlaubnis diesen Weg gehen wirst", erklärt Papa Löwe seinem Sohn, als sie am Vormittag auf Streifzug sind, und deutet auf einen kleinen, verlassenen Weg, der in einen dichten, dunklen Wald führt.

"Ist gut, Papa. Aber warum eigentlich?", fragt Lio nach und blickt durch die Bäume hindurch.

„Weil es zu gefährlich ist. In diesem Wald gibt es andere Tiere, vor denen du dich in Acht nehmen musst. So kleine Löwen wie du sind eine gute Beute. Deine Mutter und ich möchten auf keinen Fall, dass dir was zustößt, hast du das verstanden?"
Mit strengen Augen schaut sein Papa ihn an.

„Verstanden", antwortet Lio kurz und sie gehen weiter.

In ihrer Höhle angekommen, sucht er nach seinem Löwenfreund Samu. Er ist genauso alt wie Lio, nur ein Stückchen größer, und hat eine hellblonde, wuschelige Mähne.

„Samu, wo bist du?", flüstert Lio, damit ihn nicht jeder hören kann.

„Ich bin hier! Warum flüsterst du denn?", fragt Samu verwundert und ebenfalls ganz leise.

„Komm mit, ich muss dir was zeigen! Aber sei leise, damit uns keiner folgt!"

Lio nimmt seinen Freund mit und sie laufen hinaus, in die Richtung des geheimnisvollen, verbotenen Weges.

„Wo sind wir? Was machen wir hier?", fragt Samu.

„Sieh mal, dieser Weg hier, der führt in diesen dunklen Wald. Ich muss unbedingt wissen, was es dort gibt!"

Lio hat die **Neugier** gepackt und er will den Weg entlang in den düsteren Wald gehen, obwohl es sein Vater verboten hat.

Seine **Neugier** ist so groß, dass er sein Versprechen vergisst und nur noch seinem Willen folgt.

„Aber Lio, das sieht gefährlich und unheimlich aus. Ich denke nicht, dass wir das dürfen", versucht Samu den kleinen Löwen noch zurückzuhalten, doch der ist schon losgelaufen und auf dem Weg in den Wald.

„Wenn du nicht mitkommst, gehe ich allein", gibt Lio zurück und geht weiter.

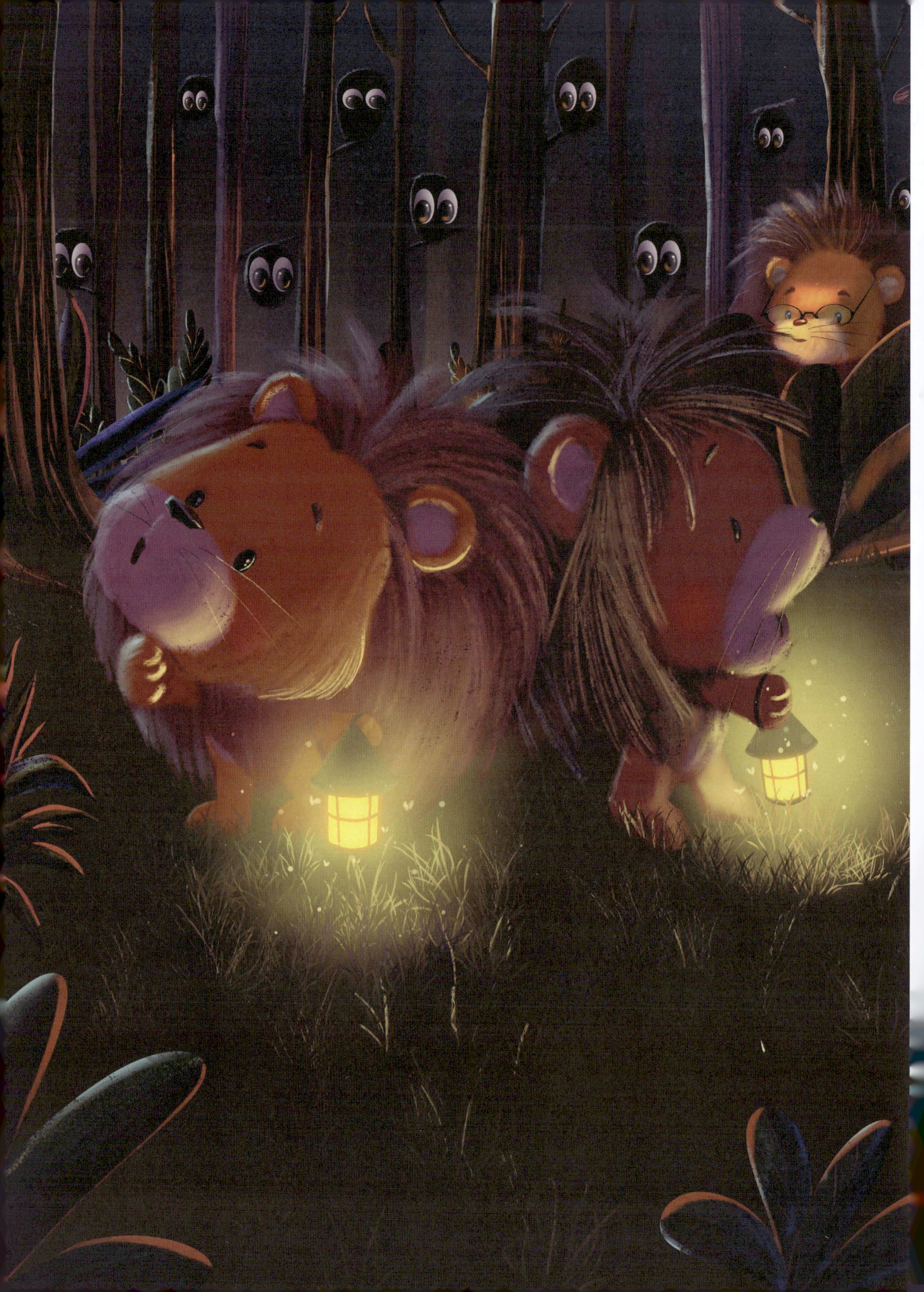

„Vergiss es, dort lasse ich dich nicht allein reingehen. Aber pass gut auf. Sobald wir was wittern, kehren wir um!"

Samu folgt seinem Freund vorsichtig und sie schleichen sich auf leisen Tatzen in den dunklen Wald.

Plötzlich raschelt es hinter ihnen. Die beiden Löwenkinder zucken erschrocken zusammen und kauern sich aneinander.

„Siehst du, ich habe doch gleich gesagt, wir gehen nicht hier rein", wispert Samu zitternd und auch Lio bereut es, nicht auf seinen Papa gehört zu haben.

„Da, schon wieder! Hier ist irgendwas, das uns verfolgt!"

Samu würde am liebsten sofort zurückrennen.

„Was macht ihr denn hier?", schimpft eine tiefe, feste Stimme.

Lios Papa hat gesehen, wie die zwei heimlich losgezogen sind, und ist ihnen gefolgt.

„Hatte ich dir nicht verboten, hierherzukommen?"

Seine Augen sind groß und er ist sehr wütend, dass Lio nicht auf ihn gehört hat.

„Tut mir leid, Papa! Aber ich wollte unbedingt herausfinden, was es hier gibt", erklärt der kleine Löwe, dem der Blick seines Papas großen Respekt einflößt.

„Lio, ich kann deine **Neugier** verstehen. Du bist noch ein Kind, da ist das völlig normal. Aber wenn ich dir etwas verbiete, weil es gefährlich ist und du noch nicht groß genug dafür bist, dann erwarte ich, dass ich dir vertrauen kann und du auf mich hörst!"

Papa Löwe versteht seinen Sohn, ermahnt ihn aber trotzdem, nicht noch einmal so etwas zu tun.

„Ist gut, Papa. Bitte entschuldige. Du hattest recht, hier ist es zu unheimlich für uns. Wir wollen lieber wieder zurück nach Hause. Dieser Ort ist nicht gut für uns."

Nun merkt Lio auch selbst, dass er falsch gehandelt hat, und kehrt mit Samu und seinem

Papa in ihre Höhle zurück, wo die beiden Löwenkinder in Sicherheit sind.

Bist du oft neugierig?

Wut

Ekel

Neid

Der wütende Lio Löwe

Lio ist gelangweilt. Zu nichts hat er Lust und seine Laune ist mies. Er hat keine Idee, womit er sich die Zeit vertreiben könnte.

„Wollen wir Fangen spielen?", schlägt sein Mausefreund Eddy vor.

„Nein, danke. Ist mir zu langweilig", grummelt Lio vor sich hin. Dann sieht er seinen großen

Bruder, wie er mit seinen Freunden ein lustiges Spiel spielt, bei dem man allerdings größer und kräftiger sein muss, als Lio es ist.

„Darf ich mitmachen?", fragt Lio die älteren Löwenkinder, die ihn erstaunt anschauen.

Lio weiß eigentlich genau, dass er dieses Spiel noch nicht mitspielen kann.

„Aber Lio, das geht doch nicht. Du weißt doch, dass du noch zu klein dafür bist", antwortet sein drei Jahre älterer Bruder Ari und dreht sich zu seinen Freunden um.

In Lios Bauch beginnt es zu murren und ein hitziges Gefühl steigt in ihm auf. Seine Stirn runzelt sich, er kneift die Augen zusammen.

„So eine Gemeinheit! Immer bin ich zu klein! Alles, was Spaß macht, darf ich nicht mitmachen. Ich will auch groß sein und das machen, was die anderen dürfen", sprudelt es aus ihm heraus und er schimpft, was das Zeug hält.

Eddy geht in Deckung und hält sich die Ohren zu. Da kommt Lios Schwester Marla um die Ecke und sieht ihren kleinen Bruder, der seine lila Mähne hin und her wirft und dabei **wütend** brüllt.

„Was ist denn mit dir los?", fragt sie erschrocken und läuft schnell zu ihm.

„Es ist ungerecht! Immer bin ich der Kleinste und darf nichts machen. Ständig wird mir gesagt, ich muss älter und größer werden. Ich bin aber nun mal noch klein und jünger, na und? Vielleicht kann ich trotzdem mit den Großen mithalten!?"

Lio ist völlig außer sich und versteht nicht, warum ihn immer alle ausschließen, nur weil er kleiner ist.

„Lio, es gibt nun mal Dinge, die man erst machen kann, wenn die Zeit dafür reif ist. Sei geduldig, alles kommt, wann es kommen soll", versucht Marla, den kleinen Löwen zu beruhigen.

„Aber ich will JETZT groß sein!"

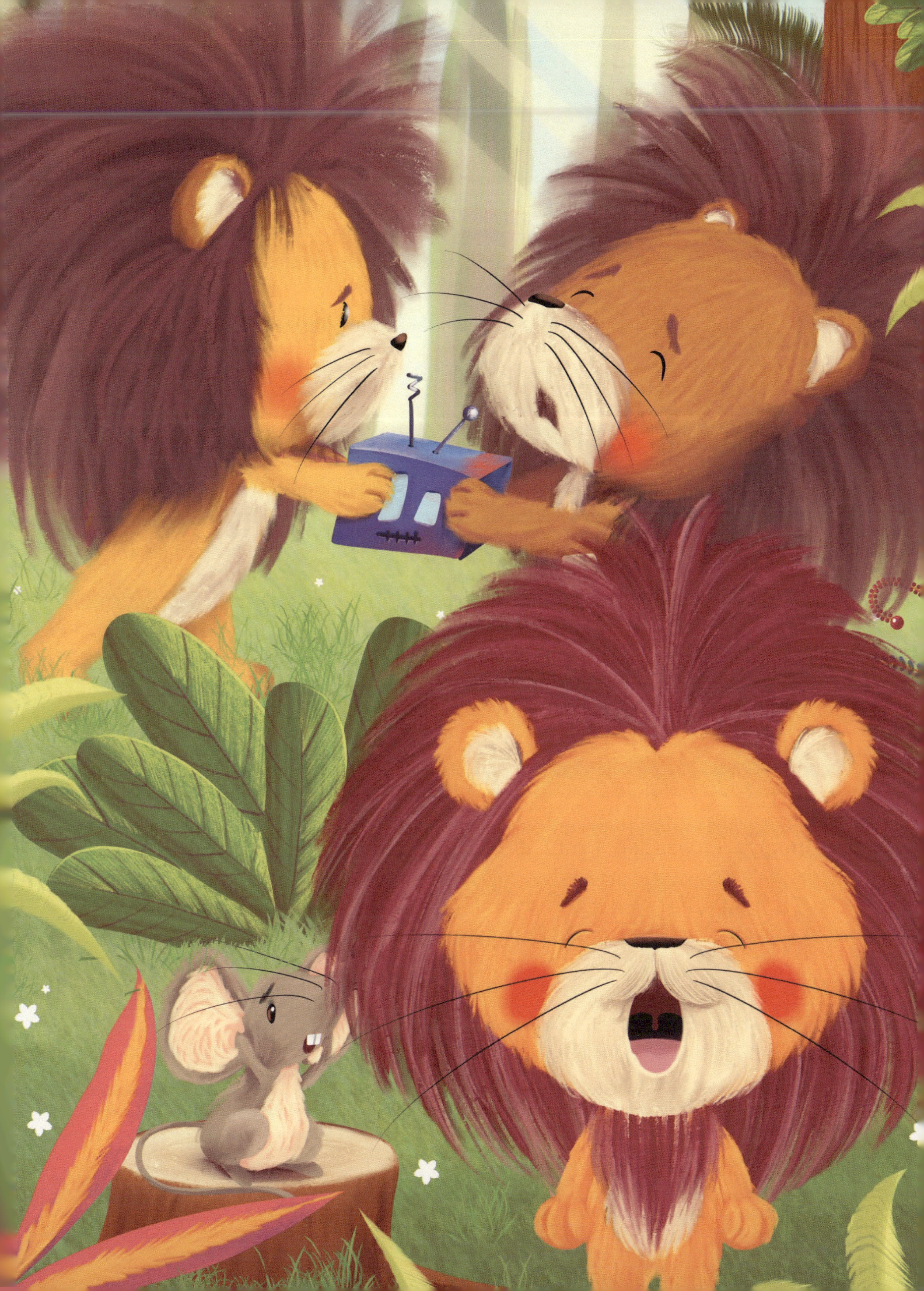

Lio bleibt stur, doch Marla bemüht sich weiter, auf ihn einzugehen.

„Das geht aber nicht. Deine **Wut** ist verständlich, aber sieh es mal so: Je älter und größer du wirst, umso mehr Verantwortung musst du auch tragen. Unsere Kinderzeit ist schnell vorbei und dann sind wir groß und haben uns um andere Dinge zu kümmern, außer zu spielen, zu toben und mit unseren Freunden zusammen zu sein. Also genieße diese Zeit jeden Tag! Du bist schnell genug groß und dann darfst du alles machen, was du willst", spricht ihm seine große Schwester zwinkernd zu.

„So habe ich das noch gar nicht gesehen. Eigentlich hast du recht. Ari muss auch schon in der Höhle mithelfen und hat weniger Spielzeit als wir."

Lio lenkt ein und seine **Wut** legt sich.

„Wir können wirklich froh sein, noch so viele Freiheiten zu haben. Danke, Marla, dass du mir das erklärt hast. Bald bin ich größer und dann darf ich auch mit den anderen spielen. Bis dahin bleibe ich bei den Spielen, für die ich groß genug bin, und freue mich, dass ich noch nicht so viel bei den Erwachsenendingen helfen muss wie die älteren Löwenkinder", sagt Lio wieder etwas zufriedener und kuschelt sich dankbar an seine große Schwester, die ihn liebevoll anlächelt.

Was hat dich zuletzt wütend gemacht?

Das schmeckt mir nicht

Das Rudel kehrt von der Jagd zurück und Lio wartet gespannt mit Samu, Eddy und seiner Schwester Marla in der Höhle.

„Mann, ich bin so hungrig! Mein Magen knurrt schon, ich hoffe, die haben was zu essen gefunden!"
Samu hält sich den Bauch und kann kaum erwarten, dass es endlich Futter gibt.

„Ich habe auch Hunger", stimmt Lio seinem Löwenfreund zu.

Da kommen Lios Eltern und die anderen Rudelmitglieder endlich nach Hause. Nachdem sie eine Weile in der Küche gewerkelt haben, setzt Mama Löwe den Löwenkindern einen Brei vor die Nase, der unangenehm riecht.

„Seht mal, Kinder. Das hier haben wir heute für euch", sagt sie.

„Was ist das denn?"

Lio rümpft die Nase und schreckt zurück. Samu dagegen stürzt sich auf den Brei, als ob es kein Halten gäbe. Sein Hunger ist so groß, dass ihm egal ist, was er zwischen die Zähne bekommt, und auch Marla lässt es sich schmecken.

„Also ich finde, das schmeckt köstlich!", freut sich Samu. „Ich liebe Brei, es gibt kaum was Besseres! Klar, was zum Beißen, bei dem man so richtig kauen muss, ist auch nicht schlecht, aber so kann man schneller und mehr essen, der Brei flutscht einfach so runter, herrlich!"

Er stopft sich den ganzen Mund voll und schlingt den Brei regelrecht herunter.

„Du wirst dich noch verschlucken, wenn du so weitermachst. Dir nimmt keiner was weg, also lass dir doch Zeit!", ermahnt Marla ihn und schüttelt den Kopf darüber, wie Samu sich über das Essen hermacht.

„Schön für euch, wenn es euch schmeckt, aber das esse ich nicht!"

Lio schüttelt den Kopf und ihn überkommt ein Gefühl von **Ekel**. Ein Kloß setzt sich in seinem Hals fest und ihm vergeht sogar der Appetit.

„Probier doch erst mal, bevor du abhaust."

Samu kann seinen Freund nicht verstehen. Doch was das Essen angeht, tut Lio sich oft schwer. Er ist kein typischer Löwe, der alles frisst. Lieber lässt er eine Mahlzeit aus und wartet darauf, was es bei der nächsten gibt, anstatt etwas zu kosten, was ihm nicht gefällt.

„Niemals, das rühre ich nicht an! Dann hungere ich lieber!"

Er dreht sich um und legt sich hin, ohne den Brei auch nur eines Blickes zu würdigen.

„Bist du sicher, dass du weiter Hunger haben willst?", fragt Marla ihren kleinen Bruder mit einem besorgten Blick.

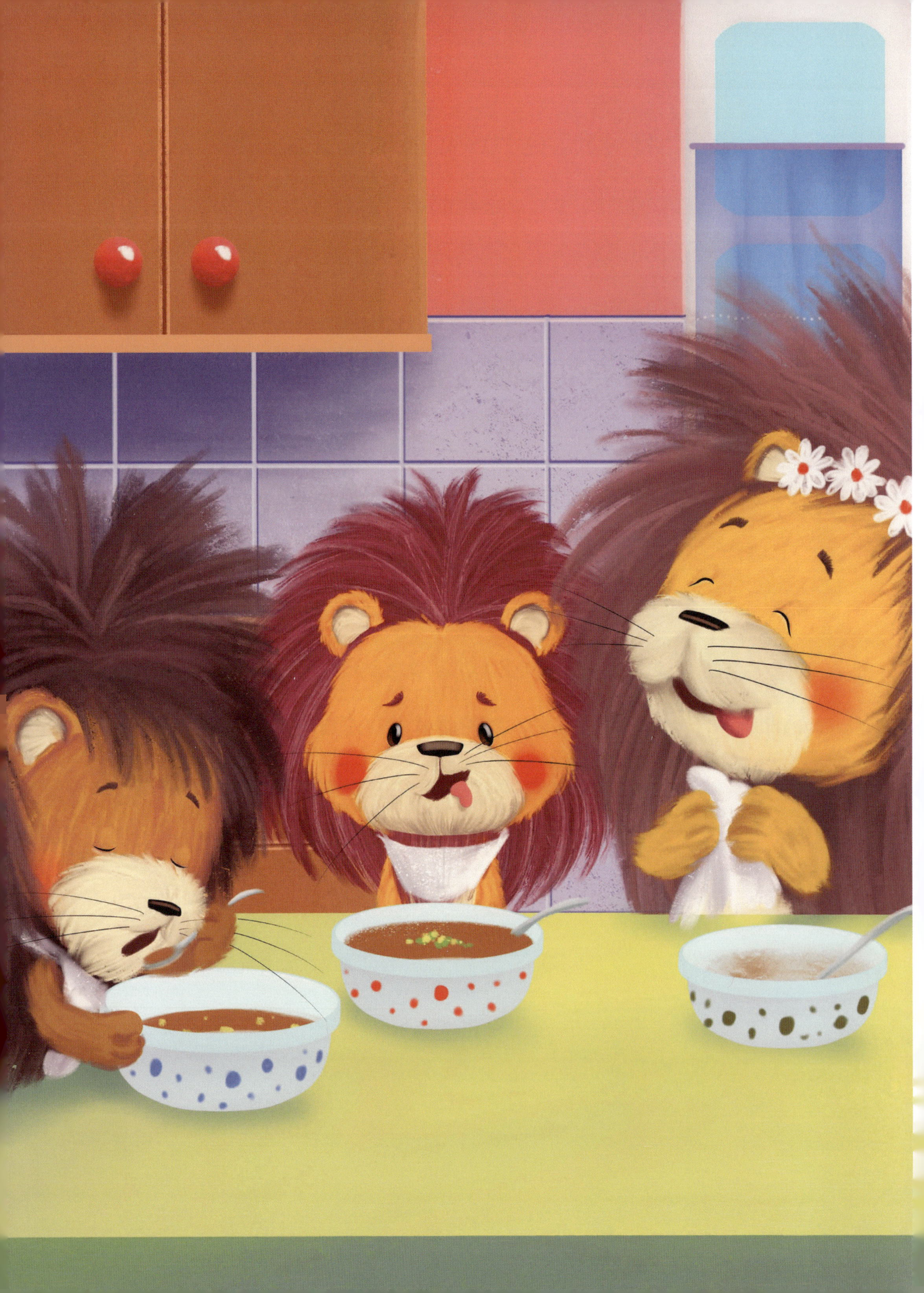

„Keine Sorge, das halte ich aus. Heute Abend gibt es wieder was anderes, das werde ich dann essen."

Lio versucht, dieses **Ekelgefühl** und den Geruch des Breies loszuwerden, und dreht sich weg.

„Alles in Ordnung?", kommt seine Mama fragend auf ihn zu.

„Ja, aber ich **ekle** mich so sehr vor diesem Brei. Den kann ich nicht herunterwürgen", erklärt Lio seiner Mama, die verständnisvoll nickt.

„Ich dachte mir schon, dass du davon nicht begeistert sein würdest. Manchmal scheint uns aber auch etwas **eklig**, was es am Ende gar nicht ist. Willst du denn das hier mal probieren?"

Sie hält ihm ein Stück Banane hin und der kleine Löwe betrachtet und beschnüffelt es von allen Seiten.

„Riecht auf jeden Fall besser als das andere Zeug", stellt er fest und beißt ab. „Gar nicht mal so schlecht", bemerkt er und kaut weiter. Das Stück ist schnell verputzt und er leckt sich den Mund sauber.

„Ist doch gar nicht so übel, oder?", fragt seine Mama und zwinkert ihm zu.

„Nein, das ist sogar lecker."

Lio ist froh, doch noch etwas zu essen zu bekommen.

„Nun ja, das ist fast das Gleiche wie der Brei, nur dass es eben ein Stück war. Wir haben heute aus den restlichen Haferkörnern, die wir auf den Feldern gefunden haben, und einigen von den anderen Tieren übrig gelassenen Bananen einen Brei gemacht. Wir dachten, wenn ihr auch mal was Süßes zu essen bekommt, freut ihr euch und außerdem ist es gesund. Aber dich hat wohl die Konsistenz **angeekelt** und auch der seltsame Geruch, der beim Zerdrücken der Bananen und dem Vermengen mit dem Hafer entstanden ist. Nun weißt du aber, dass es eigentlich nichts **Ekliges** ist, und probierst beim nächsten Mal vielleicht doch ein bisschen, bevor du wegläufst", erklärt Mama Löwe und stupst ihren Kleinen aufmunternd an.

„Mal sehen, vielleicht. Ich mag Brei einfach nicht, aber man soll ja alles ausprobieren."

Lio und seine Mama lachen. Dann gibt sie ihrem Löwenkind das letzte Stück der Banane und sie gehen satt und zufrieden zu den anderen zurück.

Wovor ekelst du dich?

Der besondere Ausflug

„Morgen darf ich mit Papa, dem Papa von Samu und Samus großem Bruder in diese gefährliche Schlucht gehen, von der alle erzählen."

Lios großer Bruder Ari prahlt damit, dass er am nächsten Tag auf einen besonderen Ausflug mitgehen darf.

„Warum darfst du mit und ich nicht?", fragt Lio enttäuscht, weil er nicht dabei sein darf.

„Weil das nichts für kleine Löwenkinder ist, die noch viel zu jung und unerfahren für solche Streifzüge sind."

Ari gibt gerne vor den anderen an, vor allem vor Lio, weil er genau weiß, dass er sein großes Vorbild ist und sein kleiner Bruder unbedingt so sein will wie er - ein halbausgewachsener Löwe mit voller Mähne und einem stattlichen Körperbau. Die drei Jahre Altersunterschied kann man nicht verbergen, erst recht nicht, weil Lio sowieso kleiner und zarter ist als andere Löwenjungen in seinem Alter.

„Das finde ich ungerecht! Wann darf ich denn auch mal mit an gefährliche Orte? Immer muss ich hier in dieser langweiligen Höhle bleiben und darf nicht weit weg", beschwert sich Lio und schimpft vor sich hin.

„Tja, kleiner Bruder. Wenn du auch so groß und stark bist wie ich, wirst du bestimmt auch mitkommen dürfen."

Ari zwinkert dem kleinen Löwen überheblich zu. In Lio brodelt es. Aber wütend ist er nicht. Er versteht, dass er für gewisse Dinge noch zu klein ist und warten muss, bis seine Zeit dafür gekommen ist. Allerdings ist da trotzdem so ein eigenartiges, ungutes Gefühl in ihm. Traurigkeit? Angst? Ärger? Nein, das passt alles nicht. Lio ist ratlos und fragt seinen Mausefreund Eddy, was mit ihm los sein könnte.

„Du, Eddy, kennst du das? Ich kann es schwer beschreiben, aber am liebsten würde ich Ari einen Strich durch die Rechnung machen, damit auch er nicht auf diesen Ausflug mitdarf. Es stört mich, dass er dabei sein wird und ich nicht. Dann sieht und erlebt er Dinge, die ich nicht sehen und mitmachen kann. Das ist doch unfair! Außerdem bekommt er dann einen ganzen Tag mit Papa, Samus großem Bruder und dessen Papa, ganz allein. Nur große Löwen unter sich, in der gefährlichen Schlucht, das will ich auch!", erklärt Lio dem Mäuserich, was in ihm vorgeht.

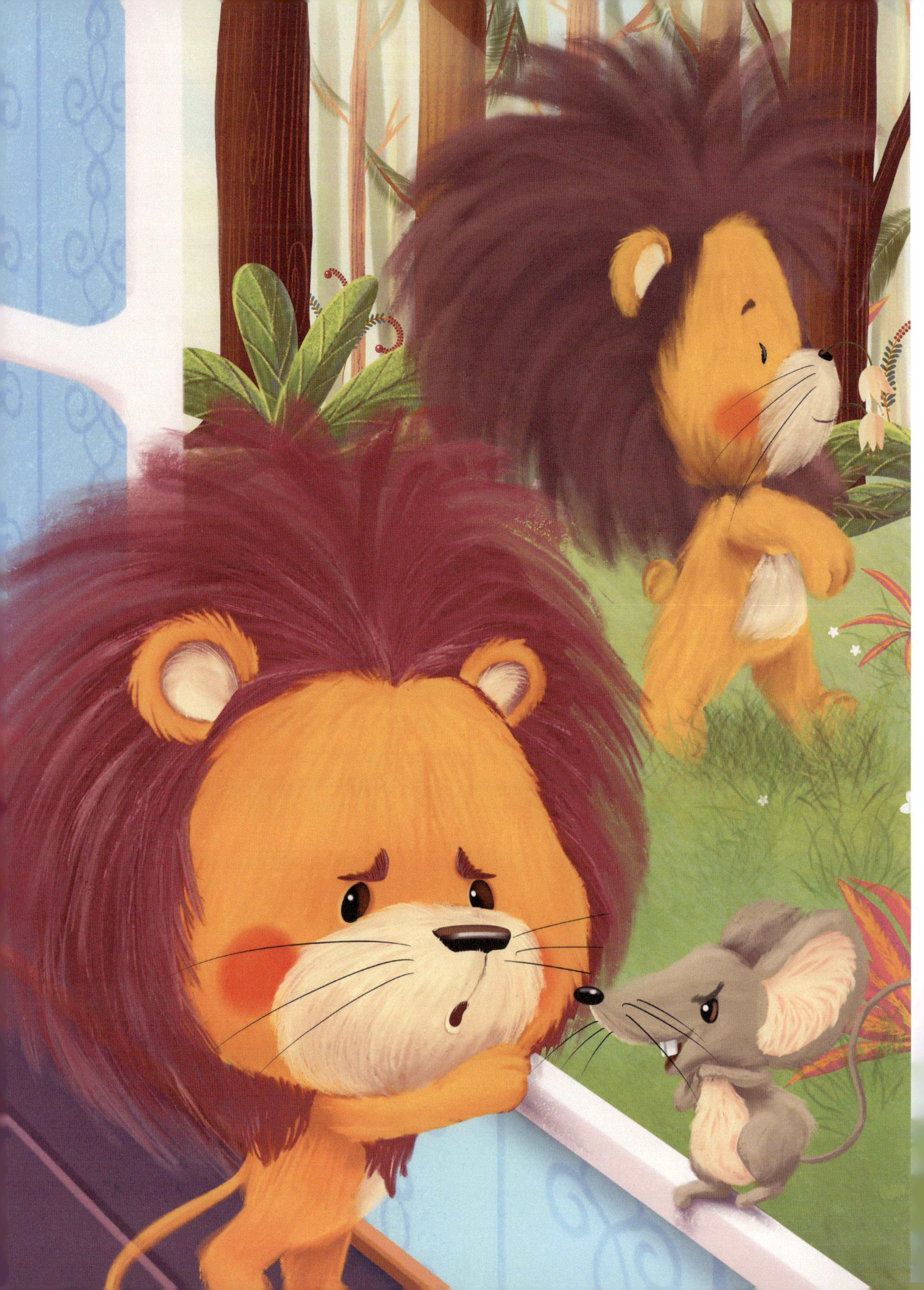

„Ach, Lio, du bist **neidisch** auf Ari. **Neid** ist ein sehr unschönes Gefühl, ich kenne das leider auch. Wenn meine große Schwester am Abend noch mit ihren Freunden wegdurfte und ich schon ins Bett gehen musste, hätte ich am liebsten alle Ausgänge verriegelt, sodass sie nicht rauskommt und auch zu Hause bleiben muss."

Eddy versteht Lio sehr gut und erklärt ihm, was es mit seinen seltsamen Gefühlen und Gedanken auf sich hat.

„**Neid**? Das habe ich noch nie gehört."

Lio ist erstaunt, was es alles für unterschiedliche Emotionen gibt, die in einem aufkommen können.

„Das bedeutet, dass man dem anderen nichts gönnt und das Gleiche haben will wie er, um ihm in nichts nachzustehen. **Neid** macht unzufrieden und ist völliger Blödsinn. Jeder sollte glücklich und dankbar für das sein, was er hat und wer er ist. Der Gedanke, dass es anderen besser geht und die ein schöneres Leben haben, weil sie mehr besitzen, andere Dinge erleben oder anders aussehen, ist Quatsch und sollte dich nicht belasten. Es macht nämlich nur unglücklich und das ist es nicht wert", muntert Eddy Lio auf, indem er ihm zeigt, dass er nicht **neidisch** auf Ari sein muss.

„Verstehe, dann mag ich diesen **Neid** überhaupt nicht und will, dass er verschwindet!", verkündet Lio voller

Entschlossenheit, dieses Gefühl loszuwerden.

„Sehr gut, dann freu dich einfach mit deinem Bruder, dass er diesen besonderen Ausflug mitmachen darf. Es ist nun seine Zeit dafür, gönn ihm das, weil du ihn gernhast und weißt, dass es auch für dich Ereignisse geben wird, bei denen du dabei bist und er nicht. Dein Leben ist schön, so wie es ist."

Eddy zwinkert dem jungen Löwen zu.

„Danke, Eddy, du hast vollkommen recht! Ich freue mich für Ari und ganz bald werde auch ich auf so einen spannenden Ausflug mitgehen dürfen und dann ist das mein Erlebnis, das ich nie vergessen werde!"

Der **Neid** ist verschwunden und Lio fühlt sich wieder besser. Er kann sich aufrichtig für seinen großen Bruder freuen und ist gespannt, was dieser von dem Tag in der Schlucht berichten wird.

warst du schon einmal neidisch?

wenn ja, weshalb?

Angst
Traurigkeit

Der Streit

Es ist schon spät am Abend und Lio liegt mit seinen Geschwistern in der Höhle, dicht an seine Schwester Marla gekuschelt, die tief und fest schläft.

Zunächst schläft auch Lio, doch plötzlich wird er von lauten Geräuschen geweckt und hört vom Platz vor dem Höhleneingang die Stimme seiner Mama: „Nein, das verstehe ich nicht! Es ist unvernünftig und gefährlich! Ich will nicht, dass du mitgehst! Du hast eine Familie, an die du denken musst!"

Sie klingt aufgebracht und Lio hebt seinen Kopf, um das Gespräch besser mithören zu können.

„Ich trage aber auch Verantwortung für das gesamte Rudel und muss deshalb mitgehen. Das gehört nun mal zu meinen Aufgaben als Rudelführer. Es wird nichts passieren. Wir sind schließlich genügend Löwen, die alle wissen, worauf sie Acht geben müssen und wann es Zeit ist, den Rückzug anzutreten", antwortet Papa Löwe und Lio hört, wie er weggeht.

Der kleine Löwe will wissen, was los ist, und schleicht sich leise von seinen Geschwistern weg, damit sie nicht aufwachen. Dann sieht er seine Mama mit einem sehr besorgten Gesichtsausdruck am Höhleneingang stehen und will wissen, was hier vor sich geht. „Mama, wo ist Papa hingegangen und warum siehst du so besorgt aus?", fragt er sie.

„Ach, Lio. Haben wir dich geweckt? Tut mir leid. Die Löwenmänner ziehen diese Nacht in den großen Wald, wo es besonders gesunde Nahrung geben soll. Dein Papa hat von einem befreundeten Löwen eines anderen Rudels davon erfahren und sie wollen heute Nacht unser Essen für die nächsten Tage beschaffen", erzählt Lios Mama ihm, warum sein Papa weggegangen ist.

„Aber er geht doch oft auf die Jagd, also warum machst du dir solche Sorgen?"

Lio versteht nicht, weshalb seine Mama diesmal dagegen ist, dass sein Papa auf die Jagd geht. Da erklärt sie ihm: „Seit ein paar Tagen treiben sich gefährliche Tiere in diesem Wald herum, die auch vor Löwen nicht zurückschrecken. Sie haben sich dort anscheinend einen Rückzugsort eingerichtet, um für eine Weile auszuharren, und diesen Bereich beschützen sie nun mit allen Mitteln. Außerdem teilen sie ihre Nahrung nur ungern und wollen jeden fernhalten, der ihnen was wegnehmen könnte."

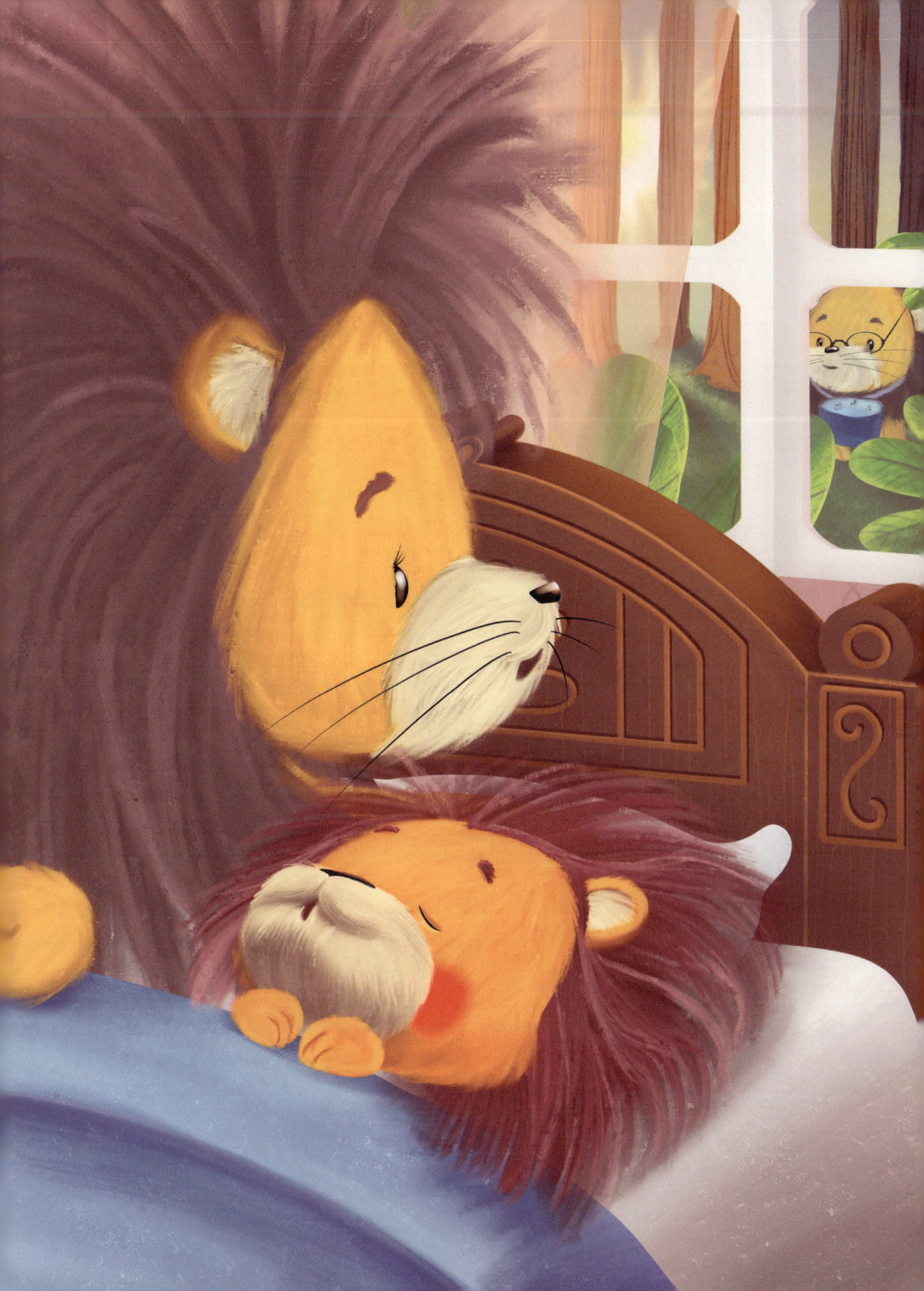

Lio hört genau zu, was seine Mama sagt, und spürt, wie er **Angst** bekommt. Er hat **Angst** davor, dass seinem Papa etwas zustoßen könnte. Auch die **Angst** seiner Mama kann er wahrnehmen und fühlt sich auf einmal, als würde es ihm die Luft abschnüren.

„Aber Mama, was ist, wenn Papa was passiert?", fragt Lio mit zitternder Stimme.

„Dein Papa ist so ein starker, kräftiger und erfahrener Löwe, dass er mit Sicherheit unbeschadet zurückkommen wird. Wir müssen ihm vertrauen, denn er weiß, was er tut und wie er sich schützen kann. Ich wollte dir mit meiner Aufregung keine **Angst** machen. Tut mir leid, Lio."

Seine Mama merkt, dass sie ihn mit ihrer eigenen Unsicherheit ein wenig aufgewühlt hat, und will ihn wieder beruhigen.

„Können wir gemeinsam warten, bis er zurückkommt? Papa muss wieder hier sein, damit ich schlafen kann!"

Lio schaut seine Mama bittend an. Doch diese erwidert: „Er wird erst morgen früh zurück sein, aber du kannst bei mir bleiben und wir kuscheln uns zusammen, bis er wieder da ist."

Sie nimmt ihren Löwenjungen zu sich und kuschelt sich dicht an ihn. Lios **Angst** ist noch immer in ihm, aber bei seiner Mama fühlt er sich schon sicherer.

Am nächsten Morgen, als die Sonne gerade aufgeht, hört er die Löwenmänner zurückkehren.

„Papa ist wieder da!", ruft Lio, springt auf und läuft seinem Papa entgegen, der ihn freudig empfängt.

„Wir haben viel Futter mitgebracht. Für die nächsten drei Tage können wir aufs Jagen verzichten!", verkündet er triumphierend und stupst seinen Sohn zärtlich an.

„Juhu! Dann bist du hier und musst nicht auf gefährliche Streifzüge gehen!"

Lio ist überglücklich und stolz, dass sein Papa ein so mutiger, starker Löwe ist.

„Ich werde immer bei dir sein, Lio. Egal ob du mich siehst oder nicht, in unseren Gedanken und unseren Herzen sind wir immer zusammen. Ich habe dich sehr lieb, egal was passiert, vergiss das nicht. Du brauchst dich nicht zu fürchten, dass ich nicht mehr da bin. Wir beide sind verbunden, auf ewig!"

Papa Löwe drückt Lio fest an sich und gibt seinem kleinen Sohn damit die Sicherheit, immer für ihn da zu sein, auch wenn sie sich einmal nicht sehen können.

Wann hattest du zuletzt Angst?

Das verlorene Stofftier

„Wo ist er denn nur hin? Er kann doch nicht verschwunden sein, ich habe ihn gestern noch gesehen!", murmelt Lio aufgeregt vor sich hin, kramt an seinem Schlafplatz herum und wühlt dabei alles durcheinander.

„Was machst du denn da? Du wirfst ja mein ganzes Zeug durch die Gegend! Warum machst du so eine Unordnung?", kommt seine

Schwester Marla dazu und findet es ganz und gar nicht gut, dass Lio so ein Chaos anrichtet.

„Tut mir leid, Marla, ich räume dann alles wieder auf. Aber ich suche mein Stofftier. Du weißt schon, den alten, zerzausten Affen, den ich als ganz junger Löwe gefunden habe. Gestern war er noch hier in meiner Spielecke. Heute ist er weg, wie vom Erdboden verschluckt. Ich weiß nicht, wo ich noch suchen soll."

Der kleine Löwe ist ratlos und hat keine Idee, wo sein geliebter Stoffaffe sein könnte.

„Hast du ihn vielleicht irgendwo mit hingenommen und dann versehentlich vergessen oder verloren?"

Marla will Lio behilflich sein, sich daran zu erinnern, wo das Kuscheltier sein könnte. Lio liebt seinen Plüschaffen. Als er noch ganz jung und auf dem ersten Streifzug mit dem Rudel unterwegs war, hat er ihn gefunden und wollte ihn unbedingt mitnehmen. Seitdem begleitet das Kuscheltier den kleinen Löwen Tag für Tag. Es ist sozusagen sein persönlicher Beschützer, Trostspender und Knuddelfreund.

„Nein, ich kann mich nicht erinnern", antwortet Lio seiner Schwester. „Samu, Eddy und ich waren gestern nach dem Abendessen noch mal spielen. Aber ob ich den Affen mitgenommen habe? Ich bin mir nicht sicher. Ich werde noch mal an den Ort gehen, an dem wir waren, und dort nachsehen."

Lio läuft sofort los und macht sich auf die Suche nach seinem Kuscheltier.

„Hier ist er auch nicht, das gibt es doch gar nicht!", ruft Lio **traurig** und verzweifelt. Dicke Tränen kullern über sein Gesicht. Er sitzt schluchzend im Sand und hat keine Ahnung, wie er ohne seinen Plüschaffen zurechtkommen soll.

Sein Weinen wird immer lauter, er kann die Tränen nicht zurückhalten. Der Verlust ist einfach zu groß. Die **Traurigkeit** überrollt den kleinen Löwen und er muss so laut weinen, dass seine Mama ihn von weitem hören kann.

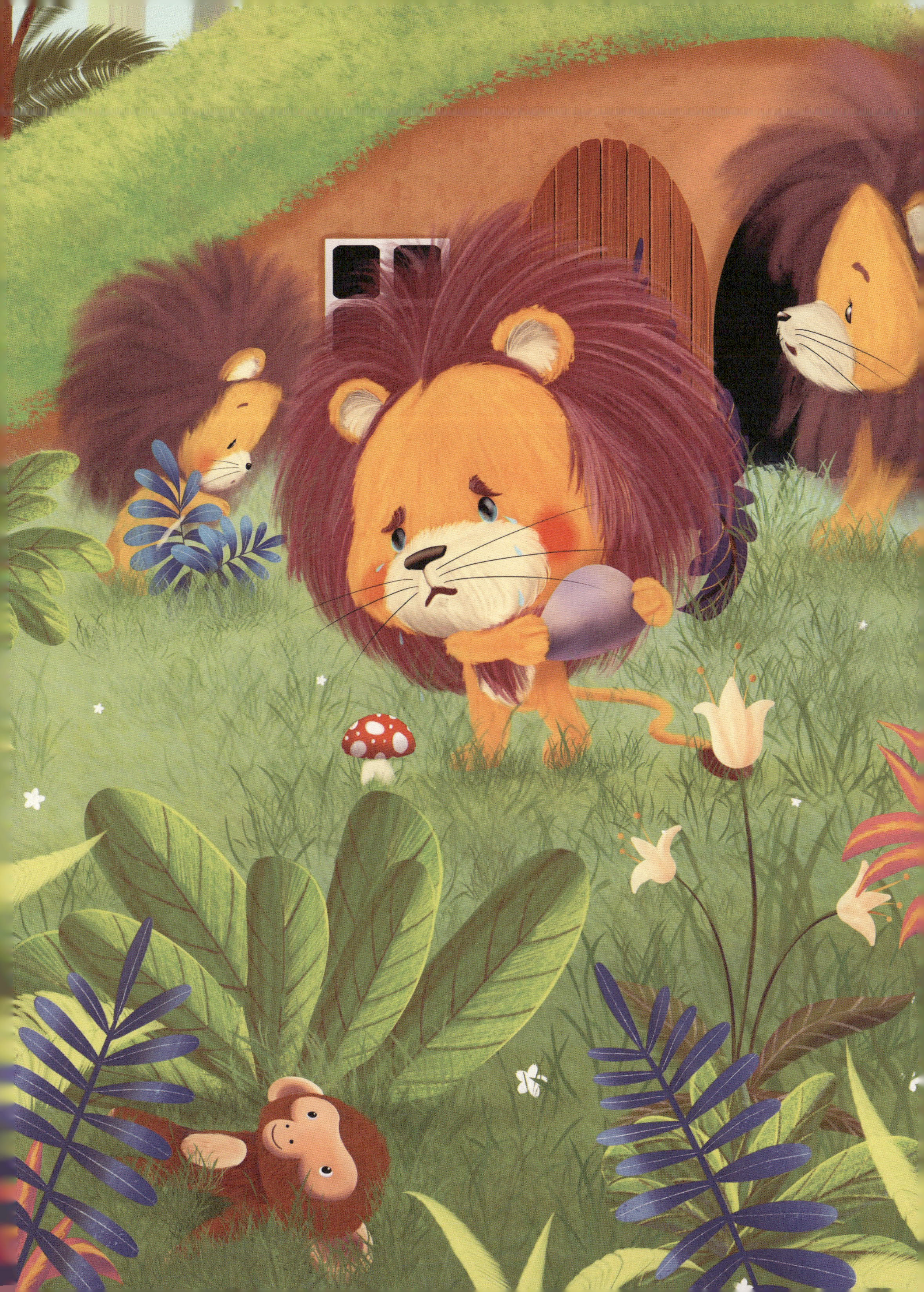

„Das ist doch Lio! Ich hoffe, ihm ist nichts passiert!", stellt sie erschrocken fest, als sie die verzweifelte Stimme ihres Sohns hört, und eilt sofort zu ihm.

„Lio, mein Schatz, was ist denn los mit dir? Hast du dir wehgetan, bist du verletzt?", fragt sie ihn besorgt.

„Nein, mir geht's gut. Aber mein Kuschelaffe ist verschwunden, ich kann ihn nicht mehr finden! Dabei habe ich schon überall gesucht, aber er ist nicht da! Weder in der Höhle noch hier, wo ich gestern mit Samu und Eddy gespielt habe. Nun weiß ich auch nicht mehr, wo ich noch suchen soll. Er ist weg, einfach weg, das gibt es doch gar nicht! Ob ihn mir jemand gestohlen hat?"

Lio bekommt Zweifel und hegt den Verdacht, jemand könnte seinen Plüschfreund entführt haben.

"Ich denke nicht, dass jemand deinen Stoffaffen weggenommen hat", entgegnet Lios Mama schmunzelnd. Dann sagt sie: "Lio, beruhig dich. Ich habe deinen Kuschelfreund gefunden. Er lag vor unserer Höhle im Gebüsch. Als ich ihn gesehen habe, dachte ich, du hast dich absichtlich von ihm getrennt und wolltest ihn aussortieren. Ich habe ihn zu deinen anderen Sachen gepackt, die du als großer Löwe nicht mehr brauchst."

Sie zwinkert Lio zu. Dessen Augen werden groß und seine Tränen trocknen wieder.

„Aber meinen Affen brauche ich noch, dafür bin ich nicht zu groß!", verkündet er. „Er ist also doch nicht verschwunden, was für ein Glück! Mama, es gibt Dinge, für die ich niemals groß genug bin. Mein Kuscheltier ist eines davon. Es muss bei mir bleiben, egal wie groß und alt ich werde. Der Affe hört mir immer zu, wenn kein anderer da ist. Ich kann ihn knuddeln, wann immer ich will, und ihm alles erzählen, was mir auf dem Herzen liegt. Bitte gib ihn mir wieder, damit ich ihn bei mir habe. Ich werde nun auch besser auf ihn aufpassen, damit so was nicht noch einmal passiert."

Mit flehenden Augen sieht Lio seine Mama an, die natürlich einlenkt und den Plüschaffen gleich, als sie wieder in der Höhle sind, herausholt, um ihn dem Löwenjungen zurückzugeben.

„Hier hast du ihn, mein lieber Schatz. Ich verstehe dich. So ein Freund ist unbezahlbar, also hüte ihn gut. Und sollte ich ihn doch noch mal irgendwo finden, weiß ich jetzt, dass er sofort zu dir zurückkehren und nicht mit den anderen Sachen verstaut werden soll."

Sie lächelt Lio sanft an und gibt ihm einen dicken Kuss direkt auf seine wuschelige, lilafarbene Löwenmähne.

„Danke, Mama, du bist die Beste!", bedankt sich Lio und ist erleichtert, seinen Kuscheltierfreund wieder bei sich zu haben.

wann warst du zuletzt traurig?